ÉTUDES DE PHILOSOPHIE NATURELLE
3me SÉRIE : N° 8

DE LA
CONTRADICTION
EN
PHILOSOPHIE MATHÉMATIQUE

PAR

J.-ÉMILE FILACHOU
Docteur ès-Lettres.

Omnia possibilia.
Marc, IX, 22.

MONTPELLIER	PARIS
Félix SEGUIN, Libraire-Éditeur	DURAND & PEDONE-LAURIEL
Rue Argenterie, 25	Rue Cujas, 9.

1880

Suite des Ouvrages du même Auteur

N° 10. Classification raisonnée des Sciences naturelles. 1 vol. in-12.

2ᵉ SÉRIE : N° 1. La mécanique de l'esprit conforme aux principes de la classification rationnelle. 1 vol. in-12.

N° 2. Organisation et unification des sciences naturelles. 1 vol. in-12.

N° 3. L'Histoire naturelle éclairée par la théorie des axes (avec planche). 1 vol. in-12.

N° 4. La mécanique de l'esprit par la trigonométrie. 1 vol. in-12.

N° 5. La Classification rationnelle et le Calcul infinitésimal. 1 vol. in-12.

N° 6. La Classification rationnelle et la Phénoménologie transcendante (avec planche). 1 vol. in-12.

N° 7. La Classification rationnelle et la Géologie (avec planche). 1 vol. in-12.

N° 8. La Classification rationnelle et la Pragmatologie psychologique. 1 vol. in-12.

N° 9. La Classification rationnelle et la Pneumatologie mécanique. 1 vol. in-12.

N° 10. Éléments de Psychologie mathématique. 1 vol. in-12.

3ᵉ SÉRIE : N° 1. Identité du Subjectif et de l'Objectif (avec planche). 1 vol. in-12.

N° 2. Le vrai système général de l'Univers. 1 vol. in-12.

N° 3. Origine des Météorites et autres corps célestes. 1 vol. in-12.

N° 4. Sources naturelles du Surnaturel. 1 vol. in-12.

N° 5. Prodrome de Chimie rationnelle. 1 vol. in-12.

N° 6. Du premier instant dans la série des êtres et des événements. 1 vol. in-12.

N° 7. Fins et moyens de Cosmologie rationnelle. 1 vol. in-12.

ÉTUDES DE PHILOSOPHIE NATURELLE

3ᵐᵉ Série : N° 8

DE LA
CONTRADICTION

EN

PHILOSOPHIE MATHÉMATIQUE

POUR PARAITRE SUCCESSIVEMENT :

N° 9. Du Péché originel et de son irrémissibilité. 1 vol. in-12.

N° 10. Transcendance et variabilité des idées réelles. 1 vol. in-12.

4° SÉRIE : N° 1. Grâce et Liberté, fondements du monde visible. 1 vol. in-12.

N. 2. Commentaire philosophique du premier chapitre de la Genèse. 1 vol. in-12.

N. 3. Erreurs et vérités du Transformisme. 1 vol. in-12.

N° 4. De la nature et du devenir des Corps en général. 1 vol. in-12.

N° 5. Nouvelles considérations sur les Corps célestes en général et en particulier. 1 vol. in-12.

N° 6. Principes de Cosmologie. 1 vol. in-12.

N° 7. Principes de Géologie. 1 vol. in-12.

N° 8. Le monde réel ou Dieu, l'Ange, l'Homme. 1 vol. in-12.

Montpellier — Typ. BOEHM et FILS.

ÉTUDES DE PHILOSOPHIE NATURELLE
3me SÉRIE : N° 8

DE LA
CONTRADICTION
EN
PHILOSOPHIE MATHÉMATIQUE

PAR

J.-ÉMILE FILACHOU

Docteur ès-Lettres.

Omnia possibilia.
Marc, IX, 22.

MONTPELLIER	PARIS
Félix SEGUIN, Libraire-Éditeur	DURAND & PEDONE-LAURIEL
Rue Argenterie, 25.	Rue Cujas, 9.

1880

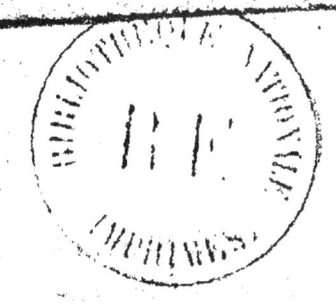

AVANT-PROPOS

La philosophie vulgaire est faite de contre-sens perpétuels inaperçus, et jamais réparés par conséquent; si nous nous en permettons de même quelques-uns en formules, nous avons soin au moins de les exclure dans nos explications.

On conçoit qu'une contradiction soit ou *réelle* ou seulement *apparente*, à savoir : réelle, quand elle est *insoluble*; seulement apparente, quand elle est *soluble*. Soluble, elle n'est plus qu'un problème.

La résolution d'une contradiction est possible ou par l'Esprit ou par l'Intellect. Prenons pour exemple cette proposition : les trois *genres* (masculin, féminin, neutre) sont *un* et *non-un*. Cette contradiction se résout par l'Esprit ainsi qu'il suit : ils sont *un*, en principe (ou nature); ils sont *non-un* ou *trois*, en fait (ou personnalité). Mais elle se résout plus clairement encore par l'Intellect, en disant : ils sont *un*, en centralité ; *non-un* ou *trois*, en direction.

Souvent, la solution *dogmatique* d'une contradiction apparente est donnée par l'Esprit, bien avant que la solution *rationnelle* en soit fournie par l'Intellect. Pour le vulgaire, la plupart des vérités religieuses sont comprises dans la catégorie des simples dogmes; mais les philosophes eux-mêmes ne semblent guère généralement être mieux partagés. Descartes, notamment, en était là sur la question des rapports du contradictoire même avec la puissance Divine ; car, s'agissait-il de reconnaître l'impossibilité de poser 2×4 égal à 9 aussi bien qu'à 8, il le reconnaissait parfaitement; s'agissait-il d'avouer que le premier Être ou l'Être infini, créateur, ne pouvait rien rencontrer qui résistât à sa puissance ou qu'il ne fût en état de réaliser, il l'avouait encore. Dieu pourrait-il, alors, changer la vérité $2 \times 4 = 8$ en cette autre $2 \times 4 = 9$? S'il le pouvait, la vérité deviendrait arbitraire; s'il ne le pouvait pas, sa puissance ne serait plus infinie. Pris dans cette alternative comme entre les deux pièces d'un étau, Descartes se déclara incapable de résoudre l'énigme, mais n'était pas plus pour cela d'avis de se relâcher sur aucune de ces deux conditions, témoignant ainsi tout à la fois de sa faiblesse, de sa force et de son humilité. On verra bientôt que d'illustres philosophes venus après lui n'ont pas su garder la même retenue, et n'ont cependant pas mieux résolu la question pendante. Nous prouverons, en la reprenant, qu'elle n'était pas insoluble, et nous la résoudrons au moyen de la seule inversion de rôle attribuable aux puissances radicales. Deux ou trois puissances peuvent être, en effet, *absolument* égales, bien que, *relativement* appliquées, elles ne jouissent point, aux mêmes heures, de la même latitude ou liberté d'action l'une que l'autre. Des différences *relatives* se concilient mais ne disparaissent point malgré cela dans *l'absolu*, et c'était justement cette vérité-là, dont Descartes n'avait pas le moindre soupçon et (pour son malheur) maintenait plutôt la négative, en disant (Epist. LXXIII): *In Deo enim idem est velle, intelligere et creare, neque horum unum alio prius est,* NEQUIDEM RATIONE. Ces deux derniers mots, surtout, portent, dans cette phrase, à faux. Deux choses simultanées *de fait* peuvent parfaitement être *en raison* successives, comme, par exemple, les lignes trigonométriques *cosinus* et *sinus*, les notions psychologiques de *cause* et d'*effet*, etc.; et, si cette alliance de contraires est une fois reconnue possible, elle l'est par là même toujours et ne doit pas moins être applicable ou réalisable en Dieu qu'en nous-mêmes ou dans le monde extérieur.

Cassagnoles, ce 14 novembre 1879.

DE LA
CONTRADICTION
EN
PHILOSOPHIE MATHÉMATIQUE

1. En supposant que la philosophie puisse être définie : la science qui vise (sous la direction de la raison divine assurément) à tout scruter et comprendre par le seul développement régulier et continu de l'intelligence constamment avide d'avancer de clarté en clarté jusqu'au plein jour de la lumière éternelle, il est évident que le but n'en saurait être atteint sans la préalable acquisition et l'incessante mise en œuvre des moyens indispensables à cette fin, qui sont une *base* solide, une *méthode* parfaitement rationnelle et la plus scrupuleuse *attention* à ne jamais rien admettre que de vrai, de sûr et de manifeste, en un mot d'incontestable à tous égards.

Il ne peut exister aucun doute sur la nature de la *base* requise : cette base n'est et ne peut être que *l'expérience*, tant interne qu'externe ; mais il n'en est pas de même de la *méthode* ; et, croyant avoir reconnu clairement que l'unique méthode logique employée jusqu'à notre temps n'était pas suffisante, comme le prouvent excellemment les perpétuelles oppositions ou divergences doctrinales régnant entre les plus célèbres et meilleurs philosophes, — nous avons alors proposé de remédier à cette insuffisance en adjoignant à la méthode *logique*, trop vague, la méthode *mathématique*, infiniment plus précise, non (comme on a pu le supposer) avec l'arrière-pensée d'arriver tôt ou tard à confondre, même *relativement*, les deux sciences philosophique et mathématique en une seule, mais dans l'intention expresse d'imposer sagement à la raison philosophique, autrement trop sujette à s'égarer, le pénible mais salutaire frein des formules mathématiques, hors ou sans lesquelles d'ailleurs on ne conçoit pas plus de réalités objectives passibles, que d'idées subjectives nettement arrêtées ou définies.

Dans l'expression 1^3, l'unité n'est point une seule fois, mais trois fois racine : on a donc tort de s'imaginer que la pensée d'*identifier* deux ou plusieurs choses présupposées *distinctes* tend à nier cette distinction même et à lui substituer l'indistinction absolue ; rien ne serait plus faux ni plus nuisible que cette manière de voir. Ainsi, vouloir identifier les mathématiques et la philosophie, ce n'est aucunement aspirer à réduire ces deux sciences spéciales en une seule spéciale encore, mais seulement prétendre profiter de leurs points *communs* (et par là même *identiques*) incontestables, pour obliger la dernière de ces deux sciences à marcher, sinon à la remorque, au moins côte à côte de l'autre et d'un même pas, afin d'éviter tous écarts singuliers ou tous errements regrettables, comme sait les éviter la science mathématique, restant fidèle à ses principes. Il est vrai que, infidèle à ces principes, la science mathématique ne serait plus rien ; mais, pour avoir d'autres et de plus nombreuses raisons d'être, la science philosophique n'a pas le droit de vouloir en aucun cas les négliger, au risque infaillible de voir lui échapper des mains le fil d'Ariane, seul propre à guider ses pas avec sûreté dans le vaste labyrinthe des sciences humaines, toutes comprises dans son ressort vraiment universel..

2. En dehors des points *spéciaux* exclusivement propres à l'une ou à l'autre des deux sciences philosophique et mathématique, quels sont donc leurs points *communs*, dans lesquels elles semblent au moins incidemment se confondre?... Il n'est pas nécessaire de beaucoup réfléchir pour s'apercevoir que, si tout à peu près est aujourd'hui mathématiquement exprimable, la pensée, qui doit aussi, de son côté, tout interpréter philosophiquement, ne peut manquer d'avoir ou d'émettre des notions rationnelles correspondant à ces mêmes formules ou constructions mathématiques, d'où il résulte que, à l'égard des réalités apparentes, l'objectif des mathématiques et de la philosophie ne varie point. Ce que les mathématiques formulent, la philosophie doit le penser ; ce que la philosophie pense, les mathématiques doivent le formuler ; il faut donc que, appelées à traiter en commun les mêmes sujets, ces deux sciences n'en forment *absolument* qu'une seule en principe, pour pouvoir ensuite se différencier

relativement l'une de l'autre, tout autant qu'elles se distinguent réellement par des points de vue spéciaux ou particuliers irréductibles.

Signalons ici quelques points de vue *communs* aux deux sciences. On n'ignore point que, aujourd'hui, par exemple, il n'y a point de forme cristalline si bizarre que le crystallographe ne sache traduire en formule ; les botanistes et les physiologistes ou les psychologues ont su de même trouver le moyen d'exprimer mathématiquement, en bien des cas, les procédés observés par la nature dans le développement des plantes ou le fonctionnement des organismes animés et jusque dans le jeu des forces vives institutrices des mouvements célestes ou terrestres, radicalement tous virtuels ; enfin, chose pas assez remarquée, quoique fort ancienne déjà, l'on a mis en formules nettes et précises les notions même abstraites et presque philosophiquement indéfinissables (au dire de tous) du Temps, du Mouvement et de l'Espace. Voilà donc un fait déjà très-remarquable acquis : malgré tous les efforts tentés dans ce but, nul philosophe ni géomètre n'a pu jusqu'à ce jour donner une *définition* rationnelle satisfaisante des notions formelles d'espace, de temps et de mouvement ; ni les physiciens ni les physiologistes n'ont pu de même jusqu'à ce jour s'entendre sur les *notions* réelles de force vive et de principe vital. Et quand il s'est agi d'expliquer philosophiquement la *formation* des composés cristallins, végétaux ou animés, toute la sagacité des plus beaux génies est restée constamment impuissante, au moment même où l'analyse mathématique résolvait, comme en se jouant, ces mêmes problèmes au moyen d'expressions complètes, dans lesquelles tous les phénomènes naturels corrélatifs trouvent place comme le doigt s'insère à l'aise dans un anneau qu'on dirait fait exprès pour lui. Comparant alors ces brillants succès de l'analyse mathématique avec le perpétuel insuccès de la philosophie, l'on ne peut, ce nous semble, s'empêcher d'avouer que, s'essayant par d'autres voies, cette dernière science fait nécessairement fausse route et s'égare même d'autant plus qu'elle pousse plus loin ses recherches effectuées sans point de repère ni contrôle actuel.

Nous avons parlé tout à l'heure de grandes

données objectives, telles que les organisations matérielles, les forces impulsives et les notions les plus générales de l'intelligence ; mais descendons aux notions les plus élémentaires, et nous ne tarderons pas à nous convaincre qu'ici, de nouveau, le mathématicien devance énormément le philosophe. Demandez à ce dernier ce que sont le *positif* ou le *négatif*, le *rationnel* et l'*irrationnel*, le *réel* et l'*imaginaire* ; priez-le également de définir à son point de vue le *fini*, l'*indéfini*, l'*infini* : vous le verrez non-seulement hésiter sur la réponse à faire à la plupart de ces questions, mais encore reconnaître, après avoir pris beaucoup de temps pour réfléchir là-dessus, que, plus il les étudie, moins il se sent en état de les résoudre. Au contraire, posez avec le premier les expressions $+2$, -2, $\sqrt{4}$, $\sqrt{2}$, $\sqrt{-2}$; de suite, vous avez une idée claire et nette de toutes ces choses. En se séparant des mathématiques, la philosophie subit donc le même sort que le végétal transporté loin de son pays originaire sous un climat étranger, où, lors même qu'il ne meurt pas, il s'étiole et ne porte point de fruit.

S'il est à peu près impossible, au seul point de vue philosophique, de donner une définition satisfaisante, v. g., du Temps, sera-ce une raison de dire que, avec l'aide de l'analyse mathématique, on ne réussirait pas davantage ? Beaucoup paraissent être de cet avis, mais nous ne saurions le partager. Car, soit la formule connue $T = \frac{E}{V}$; supposons, en outre, qu'on a l'idée de l'Espace comme celle d'une *extension apparente* quelconque mais fixe, ainsi que l'idée de la Vitesse comme celle d'une *intensité de variation* quelconque encore, mais bien arrêtée pourtant : comment ne pas voir alors que ces deux quantités ont entre elles un certain rapport justement égal au quotient de l'Espace donné par la Vitesse donnée, lequel ne peut être que le nombre des *répétitions* de la Vitesse (V) nécessaire à la *reproduction* de l'Espace (E) dans la *durée* du temps (T)? La vraie, l'exacte et l'entière définition du Temps s'obtient donc réellement au moyen d'une opération mathématique telle que la division d'un Espace dividende par une Vitesse diviseur ; mais, pour l'obtenir, faut-il toujours que ces deux facteurs soient déjà psychologiquement déterminés comme *espace* et *vitesse*, sans quoi l'on ne sortirait point de l'abstrait et n'arriverait jamais à la notion psychologique interne du *temps*.

3. Les mathématiciens, appliqués à découvrir les lois des phénomènes *naturels*, en dressent savamment, au moyen de variables et de constantes, les formules exactes, dont nous donnerons pour exemples les suivantes : $E = VT$, $H = \frac{1}{2} g T^2$, $\Omega = \frac{2C}{R^2}$, etc. Les philosophes judicieux survenant alors et s'emparant des mêmes formules pour les confronter avec les phénomènes *psychologiques*, doivent chercher à découvrir les différents sens dont elles sont susceptibles ; et, parce que les sens les plus généraux ou les plus larges sont aussi les plus intéressants, ce sont ceux-là qu'il leur importe surtout de signaler comme les plus universellement vérifiables ou les plus naturels. Aux divers phénomènes naturels correspondent donc des sens aussi naturels ; et les phénomènes naturels ayant leur représentation *formelle* dans les facteurs

des seconds membres des équations précédentes, les sens naturels ont de leur côté leur représentation *réelle* dans les termes toujours singuliers des premiers membres des mêmes équations, dont, pour la forme ou la connaissance au moins, la signification dérive (comme nous le constations à la fin du dernier §) des facteurs intégrants des seconds membres. En raison de leur généralité présupposée, les sens naturels ainsi déduits sont essentiellement indépendants des notions *formelles* de grandeur et de petitesse, ou de force et de faiblesse, qui peuvent s'y rattacher par accident.

Il existe maintenant deux autres formules générales que nous devrons désormais considérer plus spécialement comme particulièrement visées dans cet écrit et correspondant aux deux principes de *contradiction* et d'*identité*, qu'il n'est guère possible de jamais séparer (au moins en théorie) l'un de l'autre. A la condition d'étendre un peu la signification des mots Tout (T) et partie (p), et d'admettre deux sortes d'ensembles (Σ), l'un *statique* et l'autre *dynamique*, portant respectivement les noms de *somme* et de *pro-*

duit, nous en composons les deux formules suivantes :

1) $\qquad T \gtrless p,$
2) $\qquad T = \Sigma\, p.$

Interprétées mathématiquement, ces deux formules offrent un certain sens général *abstrait*, et, philosophiquement interprétées, elles offrent un autre sens aussi général mais respectivement *concret*. Indiquons-en d'abord, par ordre, le sens mathématique.

Dans la formule 1), où nous avons réuni le double signe d'inégalité, les mathématiciens, qui ne tiennent compte que du signe supérieur dans leur manière de l'écrire $T > p$, l'interprètent ainsi: *le Tout est plus grand que la partie*. Mais, évidemment, dans cette interprétation ils n'envisagent que l'un des deux côtés de la question ou le côté *phénoménique* relatif aux dimensions de la grandeur *objective* sommable, dont les parties sont, une à une, moindres que le Tout. Voudraient-ils avoir égard à son autre face *nouménique* relative à l'intrinsèque composition de la grandeur considérée, dont, cette fois, les parties seraient, l'une en *extension* et l'autre en *compréhension*, plus grandes que le Tout, leur produit : il est bien clair qu'ils devraient, dans leur formule, substituer au signe supérieur d'inégalité $>$, l'inférieur $<$, ou bien écrire $T < p$, dont le sens serait : *le Tout est plus petit que la partie*. La géométrie, qui n'envisage que l'extension *objective*, ne peut assurément s'approprier ce dernier sens ; mais elle n'est point en droit, pour cela, de l'exclure de la science physique, aux yeux de laquelle les grandeurs *subjectives* inverses (extensive et intensive) n'ont pas moins d'importance ni de réalité que les extensives ou formelles seules. Pour embrasser le cas général, il est donc nécessaire d'employer à la fois les deux signes contraires d'inégalité $\gtrless$; mais comme ils s'excluent, dans l'impossibilité de les exprimer à la fois sous forme positive, il reste au moins possible de les exprimer ensemble sous forme négative, et c'est ce qui se pratique en disant : *le Tout n'est point égal à la partie*. Dans cette manière de parler, sans indiquer de quel côté se trouvent, soit la supériorité, soit l'infériorité, nous ne laissons pas de les impliquer toujours par l'indication générale d'inégalité commune aux deux.

La raison de l'incomplète interprétation du premier cas 1) par les mathématiciens est leur oubli d'adjoindre au monde *objectif*, seul considéré par eux, le *subjectif*, constitué sur une tout autre base. Dans le premier cas, le Tout, T, est vraiment d'abord la *somme* des parties *homogènes*, P ; mais, dès-lors que les parties deviennent *hétérogènes*, comme le sont entre eux les deux facteurs réciproques $\frac{P}{1}$ et $\frac{1}{P}$, le Tout, T, provenant de leur combinaison, n'en est plus la somme, mais le produit commun. L'interprétation générale du second cas ou de la formule 2) demande donc encore une expression complexe et doit se traduire ainsi : *le Tout est égal à la somme ou au produit des parties dont il se compose*.

4. Les deux axiomes constitués sous forme négative ou positive : *le Tout n'est point égal à la partie* ; *le Tout est égal à la somme ou au produit de ses parties*, sont deux axiomes ma-

thématiques ou de quantité, non deux axiomes philosophiques ou de qualité. Pour découvrir dans les formules 1) et 2) du § précédent ce dernier sens, nous devons donc en modifier jusqu'à un certain point l'acception jusqu'à cette heure admise, et pour cela remarquer que, au lieu d'indiquer exclusivement des degrés de *grandeur* ou de *composition*, les expressions T et P peuvent tout aussi bien encore désigner des degrés d'*excellence* ou de *péjorité*. Comme on ne l'ignore point, les degrés physiques ou *quantitatifs* de grandeur et de composition ne sont pas toujours un avantage, et souvent la petitesse ou la simplicité rendent plus de services qu'elles ; leur exacte appréciation se subordonne donc naturellement au point de vue *qualificatif* manifestement supérieur. Plaçons-nous alors à ce dernier point de vue. Par suite de ce changement d'aspect, T est une qualité quelconque, qui est évidemment ce qu'elle est ; désignons-la par les mots *le même*. P est encore une qualité quelconque, bien que toujours plus ou moins connexe avec la précédente ; et sans doute, en la prenant absolument, on doit pouvoir de nouveau dire d'elle qu'elle est ce qu'elle est, mais présentement l'aspect absolu n'en importe plus, sa seule face intéressante est la relation différentielle dont elle offre le type et que nous ne saurions mieux exprimer qu'en la qualifiant d'*autre*. Interprétée de cette manière, la formule 1) T $\gtrless$ P nous fournit l'occasion d'établir l'axiome philosophique : *Le même n'est pas l'autre*.

Conservant le même point de vue, passons maintenant à la formule 2) T $= \Sigma$ P. Par hypothèse, T est là une qualité donnée, qui contient implicitement, sous forme d'intégrale générale, tout ce que Σ P contient explicitement de son côté, sous forme d'intégrales spéciales distinctes. A la forme près, tout est donc identique des deux côtés, et par suite l'interprétation philosophique de la formule entière se réduit au nouvel axiome : *Le même est le même*.

Le premier axiome, dans lequel on exclut du *même* l'*autre*, constitue le principe *de contradiction*; et le second axiome, dans lequel on affirme le *même* du *même*, constitue le principe d'*identité*. Ces deux axiomes philosophiques ne se réfèrent point à d'autres formules que les axiomes mathématiques précédents, mais ils leur donnent de nouveaux sens, dont la corrélation avec les premiers, quoique presque évidente, n'avait point été signalée jusqu'à ce jour.

5. Toute négation impliquant une affirmation au moins intentée qu'on ne croit pas devoir maintenir, il suit de ce que le principe de contradiction s'exprime par voie de négation, qu'il se rapporte à quelque affirmation hasardée du même genre, et dont il fait une obligation de se désister comme contraire à la raison. Rejetant ainsi toujours en arrière, il introduit, pour la direction de de l'intelligence, une méthode que nous appellerons en conséquence *apagogique*. Au contraire, le principe d'identité favorable au premier projet d'affirmation commande d'y donner suite ; au lieu de rejeter l'intelligence en arrière, il la pousse donc en avant, et devient ainsi l'instituteur d'une méthode inverse que nous appellerons *prosagogique*.

Les mouvements d'exclusion ou d'inclusion impliqués par les deux méthodes précédentes s'effectuent maintenant *immédiatement* ou *mé-*

diatement. Ils s'effectuent immédiatement dans tous les cas d'évidence, où, soit la contradiction, soit l'identité, sautant aux yeux, forcent l'esprit à se porter — aussi bien en arrière qu'en avant — d'un seul trait jusqu'au bout ; ils s'effectuent médiatement dans tous les cas de préalable connaissance imparfaite, où l'on a besoin de l'intervention d'un terme moyen pour aboutir du principe à la fin. En immédiateté, le principe absolument un mais relativement double est comme hermaphrodite ; en médiateté, le principe absolument double mais relativement un répond au cas de la copulation entre deux êtres unisexuels inverses.

La seule institution des formules 1) et 2) philosophiquement interprétées nous offre des exemples des deux méthodes *apagogique* et *prosagogique* immédiatement appliquées. Pour exemple des deux mêmes méthodes médiatement appliquées, nous proposerons les deux suivants, empruntés à la géométrie. Soit, d'abord, mise en avant la question de savoir s'il est possible de mener deux perpendiculaires en un même point sur une ligne donnée. Hasardant cette construction, on arrive à trouver que, dans cette hypothèse, les deux perpendiculaires supposées amènent constamment à regarder la partie comme égale au tout. Or cela ne peut être, d'après la formule 1). Donc il est impossible de mener en un même point deux perpendiculaires à une ligne. Soit, ensuite, posée la question de savoir si les trois angles d'un triangle sont égaux à deux droits. Hasardant de nouveau la construction propre à vérifier le fait, c'est-à-dire, menant par le sommet du triangle une ligne parallèle à la base, on reconnaît que les trois angles formés au sommet avec cette ligne sont à la fois égaux aux trois angles du triangle et à deux droits. Donc, ici, rien n'est à retirer, et, confirmant alors notre premier soupçon, nous devons soutenir qu'effectivement les trois angles d'un triangle sont égaux à deux droits. Niant que la partie soit égale au tout, on fait le premier pas *en arrière*, commandé par le principe de contradiction ; niant la possibilité de mener en un même point deux perpendiculaires à une ligne, on fait le second et dernier. De même, reconnaître, d'abord, que les trois angles formés au sommet du triangle avec la ligne parallèle à la base sont égaux à deux droits, et puis, qu'ils sont encore égaux aux trois angles du triangle, c'est faire et le premier et le second ou dernier pas *en avant*, prescrit par le principe d'identité.

On voit par là que le principe de contradiction est essentiellement *négatif*, comme le principe d'identité, son contraire, essentiellement *affirmatif*. Remarquant alors que le principe de *causalité*, manifestement positif, dérive néanmoins tout spécialement du principe de contradiction, seul capable de résoudre l'énigme de l'origine des êtres contingents, on peut s'étonner de trouver ici ce dernier doué d'une vertu si extraordinaire, contrastant avec tous ses résultats habituels. La raison de cette apparente anomalie nous est fournie par cette simple observation, qu'il survient dans ce cas négation *sur* ou mieux *contre* négation ; ce dont la conséquence est de rétablir l'affirmation. En effet, admettre des êtres *produits* ou bien un ou plusieurs autres êtres *producteurs*, c'est évidemment tout un, puisque ces notions sont corrélatives. D'ailleurs, un être *produit* est encore évidemment un être en ayant au moins, au dehors et au-dessus de lui-même, un autre dont il dépend, ou bien inversement et par la même raison un être *producteur* est un être en ayant, au dedans et au-dessous de lui-même, un autre ou d'autres dont il dispose en maître. Enfin, il ne répugne point *à priori* de dire indifféremment un être *produit* ou *improduit*, car l'idée qu'on a du créateur est justement celle d'un être improduit, et tous les êtres mortels ou passagers que nous avons journellement sous les yeux ne nous permettent point de nier la possibilité d'êtres produits. Remontant alors à l'*origine* de tous ces *êtres sériels*, devons-nous en dire les premiers d'entre eux produits ou improduits? Hasardons l'hypothèse de les dire improduits ou *non*-produits (première négation) : ils seront par là même des êtres n'ayant ni principe ni fin, distincts d'eux-mêmes. Mais, en fait, on ne saurait dire d'eux rien de pareil, car ils n'existent ni en dehors de tout principe distinct et limitant, puisqu'ils commencent, ni en dehors de toute fin distincte et limitante encore, puisqu'ils finissent. Donc ils ne sont point de la classe des *non*-produits, ou bien ils sont de la classe des *non-non*-

produits, c'est-à-dire des produits. Ainsi, le principe de causalité s'établit par un simple redoublement de négation ramenant l'affirmation primitive.

6. Les explications données jusqu'à présent sur le principe de contradiction sont plutôt analytiques que synthétiques. Pour ménager la transition des analytiques aux synthétiques, nous en exposerons maintenant la notion logique, que nous emprunterons à la Logique de Port-Royal. L'Auteur de cette Logique, après avoir fait remarquer que les propositions peuvent différer les unes des autres en *qualité* (comme *affirmatives* ou *négatives*) et en *quantité* (comme *universelles* ou *particulières*), les divise, au moyen de ce double mode de classement, en *contradictoires*, *subalternes*, *contraires* et *subcontraires*. Les *subcontraires* sont celles qui, différentes par la qualité, sont conformes en quantité comme particulières : par exemple, quelque homme est animal, quelque homme n'est pas animal. Les *contraires* sont celles qui, déjà différentes en qualité, diffèrent encore en quantité, mais sont

cette fois universelles : par exemple, tout homme est animal, nul homme n'est animal. Les *subalternes* sont celles qui, conformes en qualité, diffèrent au contraire en quantité, mais avec subordination du particulier à l'universel : par exemple, tout homme est animal, quelque homme est animal. Enfin les *contradictoires* (objet spécial de cet écrit) sont celles qui présentent le type accompli de l'opposition en qualité et en quantité tout à la fois : par exemple, tout homme est animal, quelque homme n'est pas animal.

Quelques instants de réflexion là-dessus suffisent pour reconnaître : 1º que les propositions *subcontraires* peuvent être parfois vraies toutes les deux (comme cela serait si l'on substituait le mot *juste* au mot *homme* dans les exemples allégués), mais qu'elles ne peuvent jamais être fausses toutes deux ; 2º que les *contraires* ne peuvent jamais être vraies ensemble, mais qu'elles peuvent être toutes deux fausses ; 3º que les *subalternes* ne renferment aucune véritable opposition ; et 4º enfin, que les *contradictoires* ne sont jamais ni vraies ni fausses à la fois, mais que, *si l'une est vraie, l'autre est fausse*, ou si *l'une est fausse, l'autre est vraie.* « Cela est si clair, ajoute un peu plus loin l'Auteur (2ᵉ partie, chap. 4), qu'on ne pourrait que l'obscurcir en l'expliquant davantage. »

Maintenant ce même principe de contradiction, si clair et si décisif, d'après la Logique de Port-Royal et même tous les anciens Auteurs, qu'est-il devenu de notre temps entre les mains des deux célèbres philosophes allemands, Herbart et Hégel, qui en ont fait justement le pivot ou le levier de leur dialectique ? C'est ce que nous allons examiner.

7. Herbart, le plus circonspect ou le plus sage des deux, avait trop bon esprit pour vouloir tant soit peu paraître invalider ou saper par la base le principe de contradiction, qu'il regardait comme la suprême ressource de la raison humaine contre le scepticisme ou l'erreur ; au lieu donc de chercher à le renverser, il s'est appliqué plutôt à le mettre singulièrement en relief, mais, dans cet essai de rénovation ou de réhabilitation, il nous semble s'être moins approché qu'éloigné de son but primitif.

Un système demande, pour être bien compris, qu'on en juge en se plaçant au premier point de vue de son Auteur. Herbart, survenant après le grand réveil des études philosophiques en Allemagne, à la suite de Kant, Fichte, Schelling,... trouva le panthéisme régnant dans les écoles ou les universités, et, comme il n'allait pas à sa nature, il voulut sans retard le supplanter par une doctrine tout à la fois rationnelle et réaliste, inattaquable à ses yeux. Le nouveau système qu'il imagina d'opposer au *Monisme panthéistique* fut le *Réalisme monadiste*, et le point d'appui qu'il adopta pour établir solidement son système fut le principe même de contradiction. L'idée de Monisme universel, dit-il équivalemment, est une idée répugnante, contradictoire, car elle allie ce qui se repousse, l'un et le multiple. Sans doute, isolément envisagées, ni l'unité ni la multiplicité ne se repoussent ; mais au moment où, soit de bon gré, soit de force, on entreprend de rapprocher ces deux idées et même de les identifier entre elles, la contradiction surgit et s'impose, car il n'y a point certainement de place au multiple dans l'un, ni de raison à l'un dans le multiple. Puisque ces deux concepts jurent ensemble, il faut donc les séparer. Mais comment le faire en présence du système panthéistique et même de la nature nous montrant constamment les deux concepts en corrélation nécessaire ? Alors, la contradiction n'existe pas seulement entre eux, elle existe en chacun d'eux, ou bien l'*un* ne se conçoit pas sans adjonction du *multiple*, et le *multiple* à son tour ne se conçoit pas sans mélange de l'*un*. Ainsi, comme imposée, la contradiction est inextirpable ; et cependant, par la répugnance dont elle est le siège, elle commande son propre enlèvement. En pareil cas de perplexité, la raison doit recourir à ses propres lumières et voir s'il n'y aurait pas moyen, en distinguant ou autrement, de se tirer d'affaire. Présentement, ce moyen pourrait être de dire alternativement l'*un* et l'*autre* des deux termes de la contradiction (ou l'*Un* et le *Multiple*) imaginaire et réel. Par hypothèse et d'après ce que nous avons déjà dit, l'Un affecté de Multiple répond généralement à la formule α) : $\begin{cases} U \\ M \end{cases}$; et le Multiple affecté d'unité répond à la formule inverse 6) :

$\{\frac{M}{U}\}$. Faisant alors dans la formule α) U réel et M imaginaire, nous obtenons un *premier* cas distinct, mais dont on ne saurait rien conclure (pense Herbart); car, comme des Imaginaires, aussi bien réunis qu'isolés, doivent être (en tant qu'imaginaires) improductifs, un Réel seul ne saurait être aussi (comme seul) plus fécond. Faisant ensuite dans la formule б) M réel et U imaginaire, nous obtenons un *second* cas distinct, mais (suivant Herbart) très-fécond cette fois, au moins en relation contingente externe, car, en entrant en relation mutuelle externe, les différents éléments réellement compris en M peuvent et doivent se constituer, par action ou réaction, en toute sorte d'états constants ou variables. La solution légitime du problème actuel est donc dans la Réalité du Multiple ou (ce qui revient au même) dans la Multiplication de l'Un; et la légitimité de cette solution provient de l'inadmissible contradiction à laquelle on s'expose ou se condamne par la réduction de tous les êtres en un seul équivalent au tout[1].

---

[1] *Hauptpuncte der Metaph.*, § 7, etc.

Le raisonnement que nous venons de faire, pour n'être point contenu textuellement dans Herbart, n'en résume pas moins avec exactitude les idées fondamentales en la matière et les complète même en un point essentiel, qui est le *premier* cas distinct dont nous parlions tout à l'heure, et dont cet Auteur ne daigne point s'occuper à fond. Par le parti qu'il tire du *second* cas, on a déjà pu comprendre que, en lui, Herbart se place au niveau du monde visible et temporel, composés d'êtres multiples agissant ou réagissant les uns contre les autres en relation *externe*; mais, regardant le *premier* cas comme stérile et ne le mentionnant alors que comme pour mémoire, il ne se doutait point qu'en ce dernier précisément il avait un excellent moyen de se mettre en rapport avec le monde même invisible et supérieur, foncièrement bien plus réel et nécessaire que le visible extérieur, seul admis à lui plaire. Il n'est point effectivement vrai de dire, comme le pensait Herbart, que l'Un absolu, *Seul*, soit radicalement hors d'état de jamais rien produire; et nous en avons la preuve sous les yeux dans l'hermaphroditisme. Un être absolu, vraiment un comme *absolu*, peut être en outre radicalement double comme *relatif*. Reprenons la formule α) $\begin{cases} U \\ M \end{cases}$. Elle se compose par hypothèse des deux termes, U et M, le premier réel et le second imaginaire. La réalité d'U réel ne peut en rien être offusquée de la présence de l'imaginaire adjoint M, ni par conséquent d'une pluralité d'U (car M ne peut être autre chose) égaux en somme au multiple collectif ou formel M. Au sein mais en même temps à côté du réel U, l'on conçoit donc comme un double courant imaginaire allant incessamment, en représentation, de l'U réel unique aux U multiples éparpillés en M, pour revenir, incessamment encore, de la représentation *formelle* de M, à la représentation objectivement *réelle* U. D'ailleurs, comment n'en serait-il pas ainsi? Personne ne niera que, sous l'influence de la première force naturelle dite *attraction*, le premier acte de l'Être absolu radical doit être la *concentration*. Or, un être qui se concentre naturellement et par là même incessamment, ne peut ne pas éprouver le double sentiment du *vide* infini qu'il quitté et du *plein* intensif, singulier ou central et par conséquent un qu'il atteint. Ce même être va et vient donc incessamment entre le vide et le plein, ou l'imaginaire et le réel ; il est donc comme sexualisé par son assimilation aux deux états contraires atteints à son *début* ou *terme* d'exercice relatif ; et, finalement, il peut ou doit même en conséquence être conçu *fécond* ou *gros du possible*, au point de pouvoir alors réaliser autant d'êtres de degré moindre que le sien, qu'il y a d'imaginaires radicalement compris en M.

8. Cependant, Herbart ne s'est pas donné le seul tort d'être incomplet ; nous devons lui reprocher encore d'assez nombreuses inexactitudes ou témérités. Par exemple, pour être philosophiquement valables, les contradictions, selon lui, ont besoin d'être imposées ou données par l'observation, et, de contradictions faites ou factices, on ne serait en droit de rien conclure[1]. Parmi les contradictions données, il comprend les notions de la *matière*, du *Moi*, de l'*inhérence*, du

---

[1] *Hauptpuncte der Metaph.*, § 7.

changement, et, pour exemple d'une contradiction arbitraire, il cite celle du *cercle carré*. Mais, d'abord, qui nous tracera la délimitation entre les contradictions *données* et les *feintes*? Certainement le public n'a point conscience des contradictions signalées par Herbart dans les notions du *changement*, de l'*inhérence*, ou autres, et, sans prétendre par là soutenir qu'elles y soient arbitrairement introduites par lui, nous ne laisserons pas de croire que, sans sa pénétrante intelligence, il ne les aurait pas plus entrevues lui-même. Tout en admettant qu'elles sont données, nous pouvons donc les tenir encore pour imaginées. Le fait est qu'on ne conçoit point de contradiction qui ne soit imaginaire. Le Sens ou le sentiment éprouve bien des contradictions ; mais, ces contradictions-là, l'Intellect, qui ne les connaît pas, ne peut les qualifier d'imaginaires, et le Sens, qui les éprouve, les déclare seulement désagréables ou pénibles. Au contraire, les contradictions imaginaires ou formelles, le Sens ne les connaît pas, et l'Intellect, qui les perçoit, les abhorre et proscrit de toutes ses forces. Voilà donc que le premier caractère des contradictions valables pour Herbart peut n'avoir pas toute l'importance qu'il suppose. Mais ce n'est pas tout : est-ce que la contradiction du *cercle carré*, toute fictive à ses yeux, n'aurait aucune valeur réelle ? Prenons l'unité 1, portons-la au carré 1^2, et multiplions en outre ce carré par π : nous aurons l'expression $\pi\, 1^2$, qui signifiera tout à la fois un carré et un cercle. Prenons de même l'unité, portons-la de nouveau au carré, et supposons que ce carré tourne avec une infinie rapidité sur lui-même, ou même ne supposons rien : nous aurons encore à la fois cercle et carré dans le premier cas, par rotation, — dans le second cas, par assimilation du carré à côtés infiniment petits au cercle.

Ici, la notion qu'il importe surtout d'avoir présente à l'esprit est la distinction entre l'*être* et l'*avoir*. La répugnance inhérente aux contradictions leur vient de leur *être* opposé : l'être *circulaire*, par exemple, ne peut être l'être *carré*, ni l'être *carré* l'être *circulaire*. Mais il ne suit aucunement de là qu'on ne puisse attribuer, par *avoir*, la quadrature au cercle, ni la circularité au carré, comme le prouvent les deux cas que nous citions tout à l'heure d'un carré tournant ou bien à côtés infiniment petits. L'impossibilité prétendue des contradictoires n'est donc point contestable dans le ressort de l'imaginarité, s'ils n'en sortent pas ; mais comme une activité que l'on supposerait infinie peut, d'après ce qui précède, les en faire sortir incessamment, leur incompatibilité cesse du même coup, non par renversement ou violation des lois logiques, qui ne sont plus attaquées, mais par changement de ressort, ou passage du terrain immuable des idées sur le sol essentiellement mouvant de la nature physique.

9. Qu'on veuille bien ici se rappeler l'hypothèse des deux perpendiculaires élevées d'un même point sur une ligne (§ 5). Cette hypothèse, assurément contradictoire, était-elle faite ou feinte, ou bien, au contraire, imposée par la nature et la raison ? Si nous ne nous trompons, elle était bien certainement artificielle, comme toutes les autres dont on se sert en géométrie pour abréger le travail ou pour d'autres motifs ; et dans tous les cas semblables on ne laisse pas de conclure

avec avantage : une contradiction même arbitrairement instituée n'est donc point essentiellement invalide, comme le dit et redit Herbart avec tant d'insistance. Pourquoi donc tenait-il tant à cette observation, et déclarait-il hautement qu'il n'acceptait point en philosophie d'autres contradictions que les *données* ou *naturelles* ? Lui, si bon mathématicien, pouvait-il ignorer l'utile et perpétuel emploi des contradictions artificielles que nous venons de rappeler? Nullement. Mais ces contradictions-là n'entraînent jamais après elles que des conclusions négatives, en constituant ainsi la méthode déjà nommée par nous *apagogique* (§ 5) ; et comme Herbart avait préconçu l'idée bien arrêtée que sa tâche était de se porter en avant ou au-dessus de la nature objective ou physique, ici seulement bonne à servir de marche-pied à la raison, il pense et soutient que, ne maniant point d'autres objets que les données mêmes du monde extérieur ou même intérieur mais toujours empiriquement perçu, la raison, quoique toujours basée sur le principe de contradiction, changeait d'allure et voyait avec bonheur le mouvement en arrière se convertir désormais pour elle en mouvement en avant. Sous ce rapport, son langage est aussi clair qu'on peut le désirer[1]. Un vrai principe, dit-il, est toujours gros de conséquences et contient en germe tout ce qui peut s'ensuivre : il évolue quand il produit, et la force ou le stimulant qui le porte à produire est la contradiction. La contradiction, principe d'évolution, est donc aussi principe de mouvement en avant ; et par elle on n'est pas moins doté de la méthode *prosagogique* que de l'*apagogique*. Cependant il est bien clair et bien certain :

1° Que le premier et nécessaire effet de la contradiction est d'arrêter subitement la pensée, dès le moment où elle la reconnaît ;

2° Qu'il est impossible de percer en quelque sorte la contradiction, pour se porter malgré elle en avant ;

Et 3°, enfin, que comme la lumière ou le son se réfléchissent à la rencontre des surfaces impénétrables, de même la pensée doit toujours, à la rencontre d'une contradiction, même donnée,

---

[1] *Hauptpuncte der Metaph.*, § 8.

renoncer à son premier sens de mouvement et se rejeter en arrière.

Herbart, érigeant le principe de contradiction en moyen progressif de la pensée, sous l'influence duquel elle commencerait par s'agiter ou fermenter en elle-même, pour se soulever ensuite, faire encore irruption au dehors, et enfin se compléter ou aboutir, avait donc réellement perdu de vue son sujet et ne prenait point la nature par son droit, mais à contre-sens.

10. Nous pourrions pousser plus loin l'énumération de pareils griefs, et démontrer, par exemple, que Herbart n'a pas mieux compris les degrés *ascendants* ou *descendants* de l'Activité que le sens *progressif* ou *régressif* de ses mouvements. Mais, vraiment, nul homme n'est tenu de devancer son siècle et d'épuiser d'un seul trait la science à venir ; un auteur est seulement obligé, dans ses essais de rénovation scientifique, de ne rien avancer de faux ni de gratuit ni même de trop dissonant, et c'est malheureusement encore un inconvénient contre lequel Herbart n'a pas assez pris soin de se garer, quand, par

exemple, il a paru regarder les contradictions imposées par l'analyse des faits naturels, une fois résolues, comme évanouies ou n'existant plus[1]. Est-ce que la nature des choses pourrait changer, manipulée par nous ? La vérité là-dessus est qu'une contradiction une fois donnée doit l'être toujours et constitue une sorte de problème perpétuel. Prenons un exemple : le chêne n'est-il pas à la fois le produit et le producteur du gland ? Dans ce cas, le gland d'où sort le chêne est *principe*, et le gland sorti du chêne est *fin*. Mais le gland principe et le gland fin sont, *absolument* envisagés, une même chose. Donc, *relativement* envisagés et dans l'ordre *sériel* au moins (car dans l'ordre *sexuel* il en serait autrement, par demi-rotation), ils sont encore une même chose, mais avec cette différence que le gland *producteur* du chêne, jouant le rôle de *fin-principe*, est, dans le moment de son opération, fin *imaginaire* comme fin d'un organisme dissous depuis un temps quelconque, et principe *réel* comme principe d'un organisme actuellement

---

[1] *Hauptpuncte der Metaph.* § 7.

existant; et qu'au contraire le gland *produit* du chêne, jouant le même rôle de fin-principe, est, dans le moment de son avénement, fin *réelle* comme fin d'un organisme actuellement existant, et principe *imaginaire* comme principe d'un organisme futur on ne sait quand. Il y a donc deux sortes de *fin-principe* par l'inversion des deux notes d'*imaginaire* et de *réel* applicables aux deux, et ces deux incompatibilités sont notoirement permanentes.

Il serait aisé de démontrer la même chose des deux *organisations* coexistantes comprises entre le gland producteur et le gland produit du chêne. Car le gland producteur du chêne est évidemment un principe d'organisation actuelle et très-apparente, inverse à l'égale mais occulte organisation d'où le gland, produit du chêne, doit finalement surgir en manière de fruit posthume, rien ne pouvant nous autoriser à confondre relativement en une seule opération les deux périodes inverses d'évolution et d'involution accomplies entre principe et fin. Le gland producteur de chêne est bien, sans contredit, principe d'évolution ; le gland produit de chêne est certainement, de même, terme d'involution : donc une organisation absolue quelconque contient deux organisations coexistantes inverses, et cette incompatibilité de constitution est essentielle ou permanente dans le règne végétal.

Mais qu'est-ce qui décide, en dernier ressort, du rôle futur d'un Absolu présent, *fin-principe* en son fond ? C'est : ou le *hasard*, si la *nature* seule suffit à le mettre en état de produire ou de germer sans la coopération d'un agent libre ; ou la *raison* (quelle que soit d'ailleurs cette raison), quand c'est un agent *libre* qui décide du moment et du lieu favorables à la production. Dire donc *hasard* ou *nature*, c'est en définitive tout un, comme dire *raison* ou *liberté*, c'est tout un encore.

Est-ce la nature qui dispose les choses et fait agir : l'action restant secrète constitue le monde *interne*. Est-ce la liberté qui joue le même rôle effectif à son tour : l'action, conduite cette fois en sens inverse, donne naissance au monde *externe*. Ces deux mondes, étant alors clairement opposés sans perte d'identité radicale, constituent une troisième incompatibilité manifeste dont on ne saurait vraiment espérer, malgré les plus heureuses et plus complètes explications, de voir jamais la fin. Donc les contradictions *résolues* ne sont point par là même des contradictions *évanouies* ; et les résoudre, c'est seulement adjoindre aux ténèbres dont elles s'enveloppent d'abord, la lumière dont elles sont plus tard (après plus ou moins longue mais toujours convenable manipulation) susceptibles.

11. Herbart, comme on a pu le voir, se trompe assez souvent, mais il ne se trompe pas toujours; il ne nie point surtout les principes absolus du savoir, et de là vient qu'on peut beaucoup apprendre chez lui, car ses erreurs mêmes instruisent. Ainsi, sa morale théorique est admirable et peut être professée dans toutes les Écoles. Ses essais de métaphysique et de psychologie mathématique ont été moins heureux; mais nous croyons avoir prouvé dans nos précédents écrits que, en les reprenant et réformant, on peut arriver à formuler sans trop de peine les vrais éléments de ces deux sciences. Hégel, non moins érudit et peut-être même plus universel mais infiniment

plus léger et plus superficiel sous une apparence de profondeur, n'offre aucun de ces avantages : nul de ses traités ne peut devenir classique ; les erreurs y abondent, et, lors même qu'il ne s'écarte pas du vrai, l'on sent qu'il n'y tient pas, mais l'accepte et l'emploie seulement pour mieux autoriser le faux, qui semble être son principal et perpétuel élément.

Pour mieux nous préparer à l'exposition de la doctrine Hégélienne sur la contradiction, nous résumerons ici les points actuellement acquis. Nous savons maintenant que la contradiction n'affecte point de la même manière toutes les facultés ou puissances de l'Être, et qu'elle semble notamment changer de nature avec elles, car, par exemple, le Sens, *contredit* ou contrarié, se plaint seulement de vif déplaisir ou de malaise, quand l'Intellect, indifférent à tout cela, ne se doute de rien ; et, de son côté, l'Intellect, pareillement *contredit* ou contrarié dans sa sphère, s'y tient pour radicalement interdit et comme anéanti, quand le Sens reste à son tour entièrement impassible. De plus, lorsqu'il s'agit spécialement (comme dans ce dernier cas) de simple contradiction intellectuelle ou rationnelle, nous avons appris qu'on pouvait aisément s'en délivrer, ou, pour mieux dire, l'éviter, en la tournant, c'est-à-dire *en changeant de puissance absolue*. Maintenant, ce moyen extrême serait-il le seul applicable, et, *sans sortir du giron de la même puissance intellectuelle*, ne serait-il pas possible de s'affranchir de la contradiction en trouvant jusque dans la contradiction l'harmonie des idées la plus parfaite? C'est là justement la doctrine ou la pensée de Hégel. Changer de puissance radicale ou de ressort respectivement absolu ne lui semble point une mesure indispensable à prendre dans cette circonstance ; aussi n'y songe-t-il même pas : faisant, au contraire, intervenir une seule et même puissance, l'Intellect, qu'il suppose deux fois successivement applicable, d'abord par *entendement* (*Verstand*), puis par *raison* (*Vernunft*), il l'imagine introduisant et retirant coup sur coup en escamoteur la négation ou l'affirmation de l'idée soumise à ce manége ; et celui de ces deux modes relatifs de fonctionnement intellectuel qu'il charge de forger alors les contradictions, est *l'entendement*;

celui qui les résout en venant sur ses brisées, est la *raison*.

12. Hégel n'est point un de ces auteurs dont souvent une seule proposition ou même un seul mot suffit à rendre avec toute la clarté désirable la pensée réelle : au contraire, sauf en la base de son système, que nous venons d'exposer, et qu'il ne savait ni ne pouvait exprimer autrement que nous ne l'avons fait, il caractérise souvent, par la même épithète, les choses différentes, et, par des désignations opposées, les identiques. En preuve de cette assertion, nous citerons les deux cas suivants, dont le premier concerne précisément les deux fonctionnements par l'*entendement* ou par la *raison* dont nous parlions tout à l'heure. Veut-il d'abord donner une haute idée de la *raison* générale, divine, immédiate : il l'appelle *abstraite*[1] ; veut-il ensuite rabaisser l'*entendement* restrictif, auteur et mainteneur de la contradiction : il l'appelle encore *abstrait*[2]. Employant de même l'épithète de *concret*, il en fait

[1] *Encyklop.*, I, § 52.
[2] *Encyklop.*, I, § 115.

fréquemment tour à tour et, comme on dirait, *ad libitum*, une expression d'éloge ou de blâme. Par sa manière de parler, on ne peut donc jamais savoir au juste ce qu'il pense, et c'est seulement par l'ensemble de sa doctrine qu'on peut entrevoir l'esprit général de son système. Le second cas annoncé tout à l'heure nous semble démontrer encore plus fortement la même chose. Ici, le philosophe allemand, voulant attaquer le *principe d'identité* A = A, lui reproche d'abord (qui le devinerait?) de *se contredire*, comme indiquant par sa *forme* une distinction qu'il retire de *fait*[1]; et bientôt après, revenant là-dessus, il lui reproche de mettre de *fait* en avant la distinction et de *recéler* l'identité[2]. Puisque ce malencontreux principe a le singulier privilége de montrer et de cacher tour à tour la même chose, il est clair qu'à son tour notre philosophe devait avoir l'aussi singulière propriété de voir tout en tout. Nous ne lui en faisons pas un reproche, supposé qu'il ait su se préserver du chaos; mais nous craignons bien qu'il n'ait pas eu le soin de

---

[1] *Encyklop.*, I, § 115.
[2] *Encyklop.*, I, § 117 (*Zusatz*).

se prémunir contre ce danger, et la preuve en est dans sa prétention à déclarer d'abord valide aux yeux de l'entendement le principe de contradiction, mais encore plus valide ensuite sa négation ou son contraire, le principe d'identité, car, où le *oui* et le *non* sont ainsi simultanément accumulés, nous ne saurions voir autre chose que le chaos. Voici ses propres termes[1] : « A ne peut être en même temps A et non A. Cette proposition, au lieu d'être une VRAIE LOI de la pensée, n'est que la loi de l'abstrait de l'entendement. »

13. En quelques mots, avec justice sans doute, mais sans ménagement, nous venons de mettre à la charge de Hégel d'énormes attentats contre l'exactitude et la vérité philosophiques ; et, probablement, alors, le lecteur qui ne le connaîtrait pas autrement, s'étonnerait avec raison d'apprendre qu'il n'a pas laissé d'exercer une grande influence sur les esprits de sa nation et de son temps, qu'il a vu même cette influence

[1] *Encyklop.*, I, § 115.

s'étendre à l'étranger, et qu'il a pris rang au nombre des philosophes les plus illustres. Ces résultats, ne pouvant être attribués à la magie de son style, bien inférieur en mérite littéraire à celui de la plupart des chefs d'École ses contemporains, et notamment de Herbart, dépendent nécessairement de la seule mais parfaite accommodation de ses doctrines avec les penchants du siècle, et, de fait, Hégel savait flatter l'orgueil national allemand; il savait également raviver au besoin les passions de secte, mais surtout il avait l'art de plaire à l'incrédulité par l'entier abandon qu'il lui faisait de toutes les croyances positives. Chez lui, donc, le patriote, le sectaire, l'incrédule, l'illuminé, tout l'homme moderne en un mot, parlait à la fois; mais à ces avantages, déjà très-remarquables, il joignait ceux d'une vaste érudition, d'une sagacité rare et d'une incomparable adresse à détourner sophistiquement contre ses adversaires les raisonnements qu'ils eussent pu vouloir articuler contre lui les premiers. D'aussi considérables qualités réunies pouvaient et devaient naturellement lui concilier toutes les sympathies des esprits légers ou flottants, non moins prompts à subir toutes les opinions du jour qu'incapables d'opinions arrêtées et profondes.

On peut dire que jusqu'à Hégel tous les sophistes (sans en excepter Kant) ont, en se prétendant dans leurs plus grands écarts de la saine Logique fidèles à ses lois, relevé d'une main ce qu'ils renversaient de l'autre ; Hégel, au contraire, jetant le masque, a fait le premier le procès à la Logique même, qu'il a directement mise en cause ; et tandis que ses devanciers ne paraissaient vouloir combattre que des doctrines incommodes et des dogmes vieillis, il n'a pas craint de dire ouvertement que l'anciennne Logique avait aussi fait son temps, qu'en ce siècle il était suranné d'enseigner que le faux et le vrai, le certain et l'incertain, l'absurde et le rationnel, ne sont point absolument identifiables ou identiques. Car enfin (disait-il), c'est bien à l'unité que tout tend : donc tous les contraires doivent disparaître ou s'effacer en perdant ce qui les différencierait toujours, c'est-à-dire leur formelle ou apparente incompatibilité, fruit précoce mais caduc comparable aux effets de la première dentition cédant la place à ceux de la seconde.

En toute autre époque, on n'eût point certainement manqué de traiter de folie cet absurde essai de réhabilitation de l'absurde ; et, comme en général on ne l'a pas fait, il est assez naturel de penser que l'absurde même n'est point dépourvu de tous motifs plausibles, l'imposant à la foule assez irréfléchie pour accepter un pareil enseignement. Quels peuvent être ces motifs ? On les présume peut-être étranges et amenés de bien loin ; nous les avons au contraire près de nous. N'avons-nous pas eu lieu déjà (§ 10) de soutenir contre Herbart que les contradictions données ou naturelles, une fois résolues même, ne disparaissent point entièrement, comme il se le figurait ? D'après nous-même, alors, les contradictions ont une raison d'être permanente. Cette raison d'être n'en implique point assurément l'insolubilité rationnelle ; mais nous n'en maintenons pas moins l'insolubilité *formelle* à côté de la solubilité *rationnelle* : nous admettons donc justement ce que nous proscrivons chez Hégel, c'est-à-dire l'inconciliabilité des contradictions dans l'*entendement*, et leur conciliabilité dans la *raison* !... Est-ce donc que nous nous serions pris dans nos propres filets ? Loin de nous cette appréhension ; jamais la vérité ne peut se trouver en défaut.

14. Entre la manière de voir de Hégel et la nôtre actuellement comparées, la ressemblance est frappante, mais la différence ne l'est pas moins. Hégel se place et reste sur le terrain ontologique; nous transformons la question et passons du terrain *ontologique* au *psychologique*.

Hégel dit équivalemment[1] : « Voulez-vous savoir tout le secret de l'évolution scientifique, je vais vous le dire en quelques mots : il consiste tout entier dans cette théorie logique : que le *négatif* est aussi le *positif*, et que le *contradictoire* ainsi massé ne s'annule pas, mais se résout en une négation déterminée, résultante, et, d'une part, identique à son principe puisqu'elle le contient ; d'autre part, plus riche en contenu que lui puisqu'elle le dépasse... Ainsi, le système

[1] Logik, I, *Einleitung*, § 38.

des idées s'édifie de lui-même, sans rien emprunter au dehors. » A défaut de tout exemple propre à matérialiser la chose, le lecteur pourrait ne rien comprendre à ce langage ; nous proposerons le suivant. Soit l'*être* l'idée première : à cette idée s'oppose aussitôt l'idée contraire du *néant*. Mais, contraires, ces deux *idées* sont aussi (du moins en tant qu'*idées*, identiques ; et d'elles-mêmes, à la fois identiques et contraires, résulte alors une troisième idée, grosse de toute la la complexion génératrice, mais plus riche au moins d'un degré, celle du *devenir*. Arrivé là, l'on peut imaginer d'allier ou de comparer à cette même idée du *devenir*, une fois acquise, une autre idée quelconque, v. g., celle d'*essence*, se donner de nouveau par leur moyen la trilogie de thèse, d'antithèse et de synthèse, et, de cette manière, construire un second étage d'idées... Ainsi, le système des idées s'éleverait réellement en quelque sorte tout seul au dedans, comme par enchantement, car toujours, aux yeux de Hégel, l'idée c'est l'être. Le positif, par exemple, *est* une chose ; le négatif en *est* une autre, mais la même aussi : donc la même et l'autre *sont* encore, chacune en soi, la même et l'autre, à quoi on peut trouver ou donner successivement de nouveaux noms, et ainsi de suite sans fin. Ce philosophe ne sort donc jamais du champ de l'ontologie pure, et voilà pourquoi d'une main il renverse incessamment ce qu'il vient d'élever de l'autre, en véritable escamoteur qui sent qu'il manie l'absurde, mais qui le veut bien et s'y complaît néanmoins comme dans le jeu de la raison la plus exquise.

Sans que nous ayons pu déjà le faire ressortir, on a dû comprendre comment Hégel se roule incessamment ainsi dans l'absurde. Deux idées même contraires ont un point commun, ne serait-ce que celui d'être des *idées*. Entre rouge et jaune, par exemple, il y a, malgré l'opposition de *coloration*, l'*idée* de coloration commune aux deux ; défalquant alors de part et d'autre le différent, l'identique reste, dit Hégel. Mais ce n'est point alors l'identique restant qui constitue l'opposition ; cette opposition existe seulement entre les différents, et, sans les différents, l'identique n'est (du moins au point de vue *relatif*) qu'une abstraction !... ; ou bien, si l'on veut, l'identique sera réel ; mais alors il faut que les différents deviennent abstraits à leur tour, ou ne soient qu'une formelle propriété de l'identité tour à tour, v. g., *rouge* ici, *jaune* là, sans pouvoir être à la fois ni *jaune-rouge* ni *rouge-jaune*, car les contradictoires se repoussent. Ou l'auteur ne tient donc compte que des différents dont la réalité se repousse, ou bien il fait entrer en compte l'identique, qui, par lui-même, reste étranger à toute distinction. S'il introduit en compte l'identique, il a tort, puique, par hypothèse, ce facteur ne doit entrer qu'à titre de 1° dans le produit ; s'il ne tient compte que des différents, le résultat immédiat est *zéro* tout court en cas d'égalité réelle. Eh bien ! quand les choses en sont arrivées à ce point d'aboutir forcément à l'annulation absolue, voilà que nous intervenons en faisant ce que Hégel, restant sur le terrain *ontologique* de la contradiction, ne saurait faire : nous attribuons une réalité distincte, spéciale ou *subjectivement* hétérogène à l'identique, et nous disons, v. g. : dans la lumière *blanche naturelle* présupposée *réelle*, il existe bien du rouge et du jaune *abstraits* sans contradiction ; devenus *concrets* ou réels à leur tour, ce rouge et ce jaune ne peuvent plus continuer à coexister de la sorte, en l'état *d'absolue* position ; mais, puisqu'ils ont pu devenir réels, ils doivent pouvoir aussi bien s'évanouir comme réels : donc, susceptibles de s'évanouir, il peuvent contenir et contiennent effectivement, eux aussi, du blanc *abstrait*, et, s'évanouissant enfin, ils donnent, en relation immédiate ou médiate [sinon (par opposition absolue) du NOIR absolu, du moins (par opposition relativement imparfaite)] de l'ORANGÉ d'abord, du BLANC peut-être ensuite. Tout revient donc à suivre ici par la pensée la répartition des deux notes de *réel* et *d'imaginaire* : 1° sur le principe commun des deux contradictoires, 2° sur les contradictoires eux-mêmes, et 3° sur leur commune résultante.

Le principe commun, une fois présupposé *réel*, a par-devant lui les deux contradictoires possibles à l'état *d'abstraits*, d'objectifs ou d'inertes : ils en sont donc l'*avoir*, et il est l'*être*. Plus tard, les contradictoires, présupposés *réels* chacun à part, mais visant à se confondre, constituent pour la *forme* un nouveau principe mi-parti de *réel* et *d'imaginaire* cette fois, et capable de faire préjuger la résultante future : ils sont donc actuellement eux-mêmes l'*être formel*, dont la résultante future est l'*avoir latent*. De cette manière, nous retrouvons sur nos pas la distinction entre l'*être* et l'*avoir* utilement introduite déjà dès le § 8 pour expliquer (par changement d'aspect, de relation ou de puissance) le changement de l'impossible en possible, ou bien l'enlèvement *sous un certain point de vue* de la contradiction persistante *sous un autre* ; Hégel ne faisant que sauter de réel à réel, ne pouvait jamais sortir de la *contradiction* que par antiphrase, en la surnommant *identité*. Nous, au contraire, laissons la contradiction intacte à la puissance intellectuellement appliquée qui la pose ; mais la reprenant par derrière ou par devant, nous en faisons l'*objectif* (toujours plus obéissant dans l'ordre des faits que dans celui des idées), ou d'une puissance supérieure par le *principe* qui le conditionne inconditionnellement, ou bien encore d'une puissance supérieure par la *fin*, qui le résout utilement à la faveur d'un équivalent qu'elle lui substitue de droit ou de fait. Et par suite, grâce à cette sorte de ponts naturels jetés entre les contradictoires, nous franchissons les contradictions en nous appuyant sur elles-mêmes, mais ne leur demandant rien de plus que de rester ce qu'elles sont, sans prétendre s'approprier ou retenir d'autre mérite que celui de repoussoir.

15. Les rapports d'origine, d'actualité et de finalité signalés à l'occasion de l'opposition régnant entre *rouge et jaune*, ressortiraient avec plus de perfection entre deux couleurs complémentaires comme le *rouge* et le *vert* polarisés, dont la rencontre exige une complète extinction de coloration au seul profit du *blanc résultant*, semblable mais non identique au *naturel* primitif ; néanmoins, nous trouvons encore préférable à ce dernier exemple celui que nous fournit l'idée bien entendue de la Trinité chrétienne. Soit admise à titre de réalité l'Activité divine absolue. Comme réelle, elle doit être immédiatement reconnue la seule existante de sa nature, ou bien *une* en fait et en droit tout à la fois. Mais l'unité d'être n'implique point l'unité de fonction, par la même raison qu'on ne sau-

rait *à priori* réduire au *minimum* d'exercice toute activité dont l'idée générale est d'en comprendre tous les degrés ; et puisque, d'ailleurs, l'idée d'activité s'accommode également très-bien des trois manières de fonctionner par Sens, par Intellect ou par Esprit, nous pouvons et devons admettre originairement en elle les trois genres de puissances spirituelle, intellectuelle et sensible. Cependant, tout autant que nous maintenons le point de vue primitif d'une seule activité réelle ou d'un seul *Être*, ces trois puissances ne sont point encore trois Êtres, mais seulement trois propriétés de l'Activité radicale : elle est *l'être*, elles sont *l'avoir*. Imaginons maintenant (sans effet rétroactif pourtant, mais seulement en vue de l'avenir possible) de concevoir l'activité réelle précédente *abstraite* comme générale : aussitôt les trois puissances abstraites en constituant tout à l'heure l'avoir s'en attribuent, chacune à part, l'absolue position radicale ou l'être primitif, et deviennent ainsi des personnalités distinctes dont elle est la propriété commune : dès ce moment, elles snot trois êtres, elle est un simple avoir. Est-ce qu'on pourrait en effet dire, à proprement parler, de *chacune* des personnalités divines, qu'elle est la *Divinité* ? Non, certainement. Car si chacune d'elles était la divinité même, existant au nombre de trois, elles impliqueraient trois divinités distinctes. Alors, sans *être* la Divinité, chacune d'elles l'a seulement : elles sont *subjectivement* trois, et *objectivement* un. Au contraire, la Divinité radicalement une mais finalement applicable de trois manières, est une en *être* et triple en *avoir*.

Plus simple, mais non moins valable encore, serait l'exemple de la contradiction siégeant dans les affections qui, comme l'*amour*, ne laissent point de se traduire par des qualités tout opposées, comme l'*aversion*. Quand on aime, on devrait, ce semble, être tout amour et nullement aversion. Un *amour-aversion* est évidemment une chose aussi contradictoire qu'un *cercle-carré*. Néanmoins, cette contradiction peut encore se lever *psychologiquement*, et elle se lève encore par la distinction entre l'*être* et l'*avoir*. Puisqu'elles sont contradictoires, les deux affections d'amour et de haine s'excluent du même niveau d'être, et celle d'entre elles qui prime l'autre relègue cette dernière dans son simple *avoir*, pour s'approprier exclusivement l'*être*. Ainsi, l'être vraiment aimant avant tout ne laissera point d'avoir et de témoigner de l'aversion pour tout ce qui blesse ou combat son sentiment dominant, l'amour. Par la même raison, le sujet haineux ne sera point incapable d'objective sympathie pour tout ce qui lui semblera favorable à ses sentiments répulsifs. Mais il est impossible qu'un même être *moral* soit à la fois dominé par l'amour et l'aversion. Ce cas se présenterait-il, il sortirait alors par le seul fait de l'ordre *moral*, et laisserait le différend à résoudre aux puissances des deux ordres *formel* et *physique*, s'inspirant d'elles-mêmes dans leurs ressorts respectifs.

16. Herbart, ayant eu le temps pendant sa longue vie de voir naître, fleurir et passer sous ses yeux le système Hégélien, en a fait la critique et s'est demandé s'il avait éclairé tant soit peu les obscurs problèmes sans cesse maniés et remaniés par son auteur; sa réponse à cette

question est toute négative, comme elle devait l'être. Non-seulement Hégel a laissé tels qu'il les avait trouvés les anciens problèmes ; mais, s'annonçant comme possesseur du principe de l'évolution continue des idées sous l'intrinsèque ferment de la contradiction censée provoquer l'incessante transition de l'une à l'autre, il n'a pas même tenté, malgré la multitude des prétendues flagrantes contradictions accumulées par lui, de les ériger méthodiquement en arbre généalogique où toute la suite s'en serait déroulée fatalement ou rationnellement, depuis les plus fondamentales ou les plus abstraites jusqu'aux plus superficielles et plus concrètes. Bien plus, il était si peu sûr ou maître de son sujet, que dès le premier pas on le voit hésiter ou broncher, car, après avoir construit son premier couple de contradictoires des deux idées de l'*être* et du *non-être*, cherchant la dérivée de leur contrariété fatalement traduite aussitôt en identité finale, tantôt il assigne en cette qualité le devenir [1] (*Werden*), et tantôt il propose à la place du *devenir*

---

[1] *Encykl.*, I, § 88.

l'existence ¹ (*Daseyn*). Une telle hésitation au début d'une théorie n'annonce point un ensemble de jugements bien arrêtés ni d'idées claires, et suffit à montrer combien était peu fondée la vogue dont a joui le système entier, à peine digne, suivant nous, du titre de grossière ébauche.

Du reste, soit Herbart, soit Hégel, formulant leurs idées sur la contradiction, s'en sont tenus au seul point de vue dialectique ou rationnel, et n'ont jamais envisagé la question au point de vue mécanique. Il nous semble cependant possible de l'envisager encore sous ce nouvel aspect, non moins digne d'intérêt que le précédent, et, quoique nous abordions le premier ce sujet, nous espérons le faire avec assez de clarté pour dissiper les principales obscurités qui pourraient en troubler à divers degrés l'intelligence.

17. L'origine *mécanique* de la contradiction remonte aux premières forces de l'Activité radicale absolue, qui sont l'*attraction* et la *répulsion* ; et de cette manière elle s'explique, comme l'origine du monde solaire, par le système newto-

---

¹ *Encykl.*, I, § 89.

nien : il y a seulement cette différence entre les deux cas, que l'origine du monde solaire rentre dans les applications *particulières* du système, tandis que l'origine de la contradiction se rattache à ses *généralités*.

L'Activité personnelle a ses deux faces imaginaires *objective* et *subjective* respectivement opposables par redoublement comme *objet-sujet* et *sujet-objet*. Elle est assurément une en principe, mais elle est aussi *relativement* double par ces deux faces imaginaires, qui ne sont pas plutôt conçues sphériquement déployées autour de leur centre réel et radical, qu'elles y retournent précipitamment et se confondent en lui. Dans ce phénomène de concentration universelle, nous voyons avec tout le monde un effet de l'attraction ou de la gravitation dite également universelle. Mais, ordinairement, on tient pour exclusivement *physique* l'action de cette force, et suivant nous, elle est aussi bien, sinon plus encore *formelle* et *virtuelle*, car dans la nature absolue radicale rien ne se distingue (sauf en idée) réellemnent, et tous ses effets, états ou modes primitifs, en sont ainsi du même coup et simultanément physiques, formels et virtuels. Au point de vue *physique*, l'Unité radicale renferme concentrés en elle-même les *éléments* de toutes les formes possibles ; au point de vue *formel*, elle renferme de même les *facteurs* de toutes les forces imaginables : le sein de l'Absolu radical est donc le rendez-vous fatal de tous les termes possibles destinés à jouer entre eux les rôles opposés de *sujet-objet* et d'*objet-sujet*, mais condensés là comme dans un ovaire universel. L'*Attraction* radicale en a fait la concentration, et c'est alors que la *répulsion*, survenant pour produire un effet inverse au terme du précédent, tend intellectuellement à disséminer et dissémine par là même *réellement*, *en idée* cette fois, tout l'ensemble d'êtres *seulement* épars d'abord *en idée*, dont l'attraction n'a fait qu'un tout-réel. Cette attraction primitive avait sa raison d'être dans l'*identité radicale absolue* de tous les possibles ; la répulsion subséquente a la sienne dans leur *opposition intellectuelle relative* faisant immédiatement suite à l'identité foncière préalable. L'attraction, première en jeu, produisant la concentration primitive, est aussi naturellement immanente que son effet ; la répulsion, cause pareillement immanente, quoique respectivement secondaire, a de même pour effet immanent secondaire la tendance intrinsèque de tous les termes concentrés à se dégager le plus possible de leur concentration originaire (ne serait-ce que par son annulation), laquelle tendance n'est point alors autre chose que l'impossibilité de rester ensemble, ou l'incompatibilité d'humeur, de caractère ou d'esprit. Mais, entre êtres *physiques*, l'absolue répugnance à la cohabitation se nomme seulement *répulsion* ; entre choses *formelles*, objet ou sujet de représentation, elle se nomme (par *intellectuelle* détermination de la répulsion seulement physique précédente) *contradiction*.

Maintenant, les deux termes imaginaires réunis après concentration au même point peuvent évidemment être conçus s'entre-choquer au moment de leur rencontre ; et, s'ils sont censés *particularisés*, il sont conçus du même coup arrivés de distances quelconques à leur point central commun. La répulsion, survenant, tend à les renvoyer aux mêmes distances en deux sens opposés, d'où il résulte que le point central fait actuellement fonction de foyer : mais la direction indiquée par la force répulsive demeure bien identique à celle suivie par la force attractive. L'attraction sollicitant en commun les deux termes du rapport suivant une seule et même direction, la répulsion en demandant l'écartement commun s'exerce donc en sens inverse dans la même direction encore, et, par conséquent, la contradiction *particularisée* suppose, avant tout, une complexion de relatifs opposés tels que, primitivement confondus en un par force majeure, ils cherchent à se fuir indéfiniment en sens *diamétralement* opposé, sans pour cela jamais quitter la direction primitive. Puisque, alors, la répulsion est censée conditionnée par l'attraction préalable, ces deux forces impliquent forcément entre elles un certain *ordre* ; mais comme nul temps réel ne les sépare, les exercices *imaginairement* successifs en sont aussi *réellement* simultanés. Or, c'est justement comme simultanés qu'ils deviennent un foyer de répulsion capable de défaire tout ce que l'attraction a déjà fait. Si donc l'attraction a la préséance dans le passé, la répulsion prend sa revanche dans l'avenir : une seule chose ne souffre aucun changement entre elles, et cette chose est la direction. L'attraction était d'abord convergente, la répulsion consécutive est divergente ; mais la direction perpétuellement suivie dans les deux cas de relation inverse reste une et la même indéfiniment comme en superposition de parallèles..

Les détails dans lesquels nous venons d'entrer ont paru peut-être un peu longs et même excessifs; nous n'avons pas cru néanmoins devoir nous en abstenir pour rendre plus sensible le *siége mécanique* de la contradiction, et par là même aussi plus manifeste le moyen naturel d'y remédier ou de la résoudre en la modifiant sur ce seul point, exclusif générateur de la répugnance qu'elle cause. Essayons en effet, actuellement, de supposer les deux termes *relatifs* animés de cette répugnance, ne se mouvant plus dans *une seule et même direction* en deçà ou au-delà d'un centre commun, mais bien se mouvant en sens contraire dans *deux directions rectangulaires*, comme c'est le cas, par exemple, en un Absolu qui, d'abord immobile en une position donnée dans une direction commune aux deux forces *relatives*, se mobiliserait subitement (au moment du fonctionnement disparate des mêmes forces) en deux directions rectangulaires, en manière de cosinus et de sinus ; alors, n'importe que les sens soient ou restent distincts et même contraires : il suffit que les directions aient changé du tout au tout pour que les actes opposés ne se combattent plus et semblent même — au lieu de se combattre — se suivre ou s'engendrer mutuellement, et, malgré toute leur disparité, se concerter pour la production d'un seul et même effet résultant, parfaite image des deux composants. La contradiction se résout donc comme elle se forme. Une Unité, produite comme la concentration *physique*, y donne lieu ; la *formelle* Division de cette Unité radicale en deux termes relatifs (*objectivement* comparables à soleil et planète, *subjectivement* assimilables à cosinus et *sinus*) la compose ou construit immédiatement avec toute sa dissonnance intrinsèque ; mais, à côté de cette Division ou plutôt sous son couvert et à son ombre, une nouvelle Unité moyenne ou *virtuelle* se produit, s'appropriant tout ce que les termes contraires ou corrélatifs précédents pouvaient avoir de commun, et rejetant tout ce qu'ils pouvaient avoir d'hétérogène ou particulier.

18. On juge de la nature et de l'efficacité d'un remède au moyen de la préalable reconnaissance de la nature et de la gravité du mal : ainsi, pour s'assurer que la résolution de la contradiction s'effectue réellement par simple *duplication de directions* en manière de cosinus et de sinus, il est à la fois nécessaire et suffisant de bien savoir et comprendre d'abord que les contradictoires suivent en principe une *seule et même* direction. Évidemment, leur différenciation s'opère exclusivement par *direction*, *temps* ou *vitesse*. Différant par la vitesse, ils n'ont pas même degré. Différant par le temps — quel qu'en soit le degré d'ailleurs, — ils ressemblent aux fruits plus ou moins précoces, qui ne sont jamais mûrs à la fois. Différant par la direction, au contraire, ils ne sont qu'objectivement discernables par leurs lieux respectifs d'application ; et, quand ces lieux se confondent par superposition entière, nulles autres différences ne peuvent les empêcher de

vois arriver le moment où, marchant l'un vers l'autre, ils doivent se heurter ou s'arrêter dès leur rencontre face à face en leur point statique, *centre* et *foyer* tout à la fois, comme terme de leur indéfini concours antérieur, et principe de leur indéfinie répulsion future.

L'idée d'*Unité* de direction se concilie — ce semble — assez malaisément avec celle de générale application *en tout sens* des contradictoires, dont la notion absolue n'implique précisément aucune corrélation essentielle avec l'idée de direction, encore moins avec celle de direction unique. Cependant, c'est bien à cette idée qu'il faut les ramener en principe, aussi bien que toute la séquelle des actes attractifs et répulsifs. Car l'attraction est bien, elle aussi, sans contredit, un fait général. Or un pareil fait, malgré sa généralité, ne peut être conçu que sous-tendu par une direction analogue à celle d'un rayon vecteur assez peu fixe de position pour pouvoir s'adapter à toutes les orientations, et par là même indéterminé de position autour de son centre, ou circulant. De cette notion du rayon vecteur on passe alors semblablement et sans arrêt à celle de secteur circulaire, comme de la notion de secteur circulaire à celle de sphère entière; ainsi, le fait singulier et primitif d'attraction simplement *linéaire* se traduit mentalement en fait d'attraction ultérieurement ou *plane* ou *solide*; et finalement, quand on passe du règne *physique* à l'*intellectuel*, le fait *simple* de *divergence linéaire* se transforme de la même manière et par la même raison en fait absolu, général, d'*incompatibilité rationnelle*.

Quand, maintenant, un fait *absolu* général et radical de représentation s'est une fois traduit par hypothèse — conformément aux explications déjà données § 17 — en deux positions *relatives* respectivement constituées comme *objet-sujet* ou *sujet-objet*, si l'on suppose ces deux positions *relatives* originaires *absolument* posées à leur tour, elle se prêtent à trois cas distincts. Car, ou 1° comme opposées bout à bout, suivant la même direction, elle diffèrent de sens ; ou 2° comme fluentes en position continue relative, elles alternent entre elles, à l'instar de cosinus et sinus, en tout temps ; ou 3° subsistant en manière de lignes raides rectangulaires entre elles,

elles convergent ou divergent sans distinction de temps. Dans le premier de ces cas, allant l'une contre l'autre, elles sont *contradictoirement* opposées en l'état attribuable, par exemple, à soleil et planète constitués — sur une même ligne passant par leur centre commun — à la distance voulue par leur *répulsion* mutuelle. Dans le second cas, elles ne sont plus *contradictoirement* opposées, mais elles le sont *contrairement* encore, comme obligées de changer périodiquement de rôle en sens inverse, pour trouver — grâce à leur rectangularité — dans ce changement, un moyen incessant de satisfaction commune autrement impossible. Dans le troisième cas, enfin, arrivées à l'état statique et ne s'influençant plus qu'à la faveur de leur résultante commune, elles sont tout au plus immédiatement douées d'une opposition *de fait* quand simultanément l'une converge et l'autre diverge, supposé qu'elles ne soient point d'ailleurs et de fait encore unanimes à diverger ou à converger. En dehors de ces trois cas d'opposition entière ou *contradictoire*, moyenne ou *contraire*, ou bien élémentaire ou simplement *actuelle*, calqués sur les trois formules 1^3, 1^2, 1^1, serait-il possible d'en concevoir un autre quelconque ? Évidemment non! Donc toutes les sortes d'oppositions possibles se réduisent aux trois que nous venons de nommer, et caractérisées comme il a été dit ; c'est-à-dire que la *simplement actuelle* et la *contraire* surgissent au moyen de directions *obliques* ou *rectangulaires*, quand la *contradictoire* exige toujours pour son avènement le *parallélisme* et même la *superposition* des directions concourantes, ainsi finalement réduites en une seule.

19. Imaginons ici les deux forces *centripète* et *centrifuges* exerçant le long d'une même direction *longitudinale* analogue au rayon vecteur ralliant planète à soleil, ou soleil à planète : cette unique direction longitudinale sera pour lors le siége et le signe de l'opposition *contradictoire*, laquelle opposition sera du même coup radicale et absolue, comme régnant de *centre* à *centre* ou d'*absolu* à *absolu*. Tempérons maintenant un peu l'opposition, en esquivant l'immédiat et plein conflit par sa distribution en deux directions

rectangulaires inversement parcourues *longitudinalement* et *transversalement* cette fois par les deux forces *centripète* et *tangentielle :* l'extrémité du rayon tournant en cercle nous fera passer successivement par tous les cas possibles de position et de négation, comme la chose arrive en fonctionnement alternant de cosinus et de sinus; mais, quoiqu'atteignant tous les extrêmes, nous ne nous fixerons en aucun, nous glisserons plutôt continuellement entre deux, et par conséquent l'opposition *contraire* peut être définie celle dans laquelle la lutte existe seulement *de foyer à foyer*, et non de centre à centre, comme dans la contradictoire. Enfin, arrêtons le mouvement, ou bien enrayons les deux forces concourantes, comme elles sont ainsi fixées dans les deux couples de composantes magnétiques déterminant, soit la déclinaison, soit l'inclination des aiguilles aimantées : alors, sauf nouvelles influences pertubatrices, les directions résultantes devront apparaître elles-même constantes ; et, des influences perturbatrices se produiraient-elles, ces influences, se combinant avec les précédentes, engendreraient de nouvelles directions résultantes constantes encore ; mais cette constance variable, n'étant plus assimilable, soit à l'invariabilité des contradictoires, soit à la variabilité des contraires, demeurerait comme simple siège ou signe d'opposition *actuelle* élémentaire. Dans l'opposition *contradictoire*, il n'y a point de résultante en avant, mais il en peut exister une en arrière ; dans l'opposition contraire, une résultante en avant commence à se produire, mais elle reste encore élémentaire, et par suite égale au rayon ou à l'unité ; dans l'opposition *simplement actuelle*, la résultante en avant se produit jusque hors du cercle et peut être quelconque.

20. L'explication *mécanique* de la contradiction nous semble être maintenant aussi claire que son application *logique* donnée précédemment (§ 4) ; mais le rapport des deux peut être encore obscur, et nous tâcherons alors de l'éclairer à son tour pour compléter la théorie.

Commençons par résumer à cet égard les deux concepts *logique* et *mécanique*. Mécaniquement envisagé, le principe de contradiction se résume dans cette unique proposition : *Point d'Opposition réelle sans Apposition réelle*, comme inversement : point *d'Apposition réelle sans Opposition réelle* ; car tous ces différents actes sont des actes relatifs, dont aucun n'est concevable sans l'adjonction au moins imaginaire de l'autre. Logiquement envisagé, le principe de contradiction peut s'énoncer, sous sa forme la plus réduite, en ces termes : *La même chose A ne peut-être à la fois A et non A* ; mais tenant compte des deux aspects *qualitatif* et *quantitatif* entrant habituellement dans la notion *relative* de l'Absolu pour le déterminer, on doit le formuler *qualitativement* ainsi : *L'identique n'est point le différent ;* quantitativement, de cette autre manière : *L'un n'est pas le multiple.* Évidemment, l'un n'*est* pas le multiple, et l'identique n'*est* pas davantage le différent ; mais ces deux aspects qualitatif et quantitatif doivent, comme relatifs, s'évanouir dans l'absolu. Les supprimant alors pour ne retenir que l'absolu commun, mais pourtant d'ordre ou de niveau supérieur, on retrouve la première proposition logique plus générale : *Le même n'est* pas l'autre ; ou bien : *A n'est pas non A*, dans laquelle l'affirmation et la négation entrent seules pour être reconnues incompatibles de fait.

Comparons, après cela, sous leur aspect le plus général, les deux points de vue *mécanique* et *logique* ; nous voyons qu'ils sont entre eux comme *positif* et *négatif*. Car le *mécanique*, dans lequel l'Opposition et l'Apposition n'interviennent jamais l'une sans l'autre, implique évidemment après concentration, dispersion *réelle*, et le logique, au contraire, se bornant à déclarer l'impossibilité de la fusion, n'opère rien ou reste en la *négation*, qu'il constate. Le premier de ces deux points de vue révèle donc un *principe* dont le second se borne à constater l'*effet*, et par suite ils sont bien entre eux comme *principe* et *fin*, ou *positif* et *négatif*. Mais *absolument*, ils s'identifient néanmoins, et ne constituent qu'un seul et même principe radical ; car il ne faut pas, en définitive, moins d'activité pour nier que pour affirmer. Il est vrai que l'activité *négative* ne fait rien et se borne à défaire ce que par hypothèse l'*affirmative* a déjà fait ; mais à quoi ressemble-t-elle alors, sinon au pendule oscillant qui, sans la moindre action proprement dite, enroule en quelque sorte *négativement* dans sa phase descendante la force *positivement* déroulée dans l'ascendante ? Or, personne n'ignore que les deux valeurs de la force présidant à cette double phase sont absolument, au signe près, identiques ; car, appliquant le signe *positif* à signifier la *répulsive* et le *négatif* à signifier l'*appulsive*, on les peut représenter à la fois par la même expression

21. L'opposition *simplement actuelle* du § 19, quoique très-claire en elle-même, peut être avantageusement désignée par une nouvelle épithète qui contraste mieux avec les dénominations de *contradictoire* et de *contraire* adoptées déjà pour les deux autres oppositions de degré supérieur ; elle serait, à ce nouveau point de vue, l'opposition de *différence* alors censée contenue dans ses moindres limites de *quantité*, de *nombre*, et par conséquent ne point aboutir à l'opposition de *qualité* comme la contraire, ni d'*essence* comme la *contradictoire*. Aux trois oppositions de degré décroissant *contradictoire*,

contraire et *différente*, doivent correspondre trois états inverses de degré pareillement décroissant en accord, qui ne peuvent être autres que ceux d'*identité*, d'*équivalence* et de *similitude*, et sans doute jamais les trois premiers n'existent sans les derniers, pas plus que les derniers sans les premiers ; mais, si les derniers existent les premiers de fait, en raison les premiers précèdent au contraire les derniers, et nous rechercherons ici, pour donner plus d'ensemble à ce travail ou le clore avec plus de fruit, comment cela se fait.

Évidemment, l'enfant ou l'être, quel qu'il soit, qui vient au monde, ne distingue d'abord rien au milieu de la masse de sentiments, d'idées ou d'affections, au milieu de laquelle il vit comme le poisson dans l'eau ; pour lui donc, en premier lieu, tout est un, et l'un est tout ; il a la conscience universelle et simple : c'est le cas originaire de l'identité du subjectif et de l'objectif. Mais cet état ne peut durer, et cesse en quelque sorte instantanément par la distinction, en la conscience, de l'interne et de l'externe, ou du subjectif et de l'objectif ; cependant, dans ce premier pas en avant, le subjectif et l'objectif ne ressortent pas également, et notamment le subjectif *virtuel* reste là simple observateur, quand l'objectif devient apparent, éclairé, visible, sensiblement distinct, ou brille déjà comme d'une lumière propre au-devant ou bien en face du sujet obscur. Ce sujet obscur n'est et ne peut être que l'enfant ou nous-mêmes conscients de cet objectif si bien apparent ; et le moment ne tarde pas à venir où, comprenant la nécessité d'opposer à l'objectif le subjectif correspondant, nous joignons à sa représentation *sensible* la représentation au moins *intellectuellement* distincte de notre Moi, sinon comme également éclairé, du moins comme également perçu ; dès qu'il en est ainsi, nous faisons plus que sentir, nous pensons, c'est-à-dire, nous opposons longitudinalement la lumière interne, subjective, à la lumière externe, objective, et nous existons ainsi, par notre premier pas en avant, sur le terrain actuel de la *contradiction*, qui révèle, accuse par lui-même le souterrain de l'*identité*.

Ce moment où la contradiction et l'identité se balancent longitudinalement en alternative immanente, est la première phase de la conscience distincte, mais nouvellement transformable à l'instant même où elle se pose décidément sous cette première forme : car il est impossible d'asseoir au sein de la contradiction l'identité, sans se concevoir obligé d'entre-mêler les notions du subjectif et de l'objectif originairement opposés seulement bout à bout, en adjoignant pour cela transversal à longitudinal, et distribuant également des deux côtés objectif et subjectif, de manière à former une complexion semi-réelle, au moins de subjectif et d'objectif, d'une part, ainsi que d'objectif et de subjectif, de l'autre. Naturellement, l'objet-sujet d'alors continue d'apparaître le premier au-devant ou bien en face du sujet-objet, et, tant que cela dure, ce dernier existe en la seconde phase de conscience réelle clairement distincte de la précédente par la complication de ses termes cette fois redoublés, comme il vient d'être dit. Ainsi, si par exemple, en la première phase, le sujet et l'objet évidemment toujours indistincts se correspondent face à face dans le rapport d'étoile à étoile, en la seconde, mieux déterminés, ils se correspondent face à face dans le rapport, en partie diminué, mais également en partie rehaussé, de soleil à planète, ou de planète à planète, tous cas dans lesquels il est à peu près évident d'ailleurs que la *contrariété* se termine ou se complète cette fois par l'*équivalence*.

On a pu remarquer que le passage de la première phase de conscience à la seconde correspond au passage du système *stellaire* au *solaire*, dont le dernier contraste bien moins vivement avec notre état présent que l'autre. Pour passer en dernier lieu du système *solaire* au *terrestre*, qui est précisément le nôtre, nous commencerons par constater que les rapports de soleil à planète, de planète à planète, ou plus généralement d'*objet-sujet* à *sujet-objet*, sont exclusivement des rapports servis par le sens *visuel*, à l'exclusion du *tactile*, qui n'a point été censé jusqu'à présent entrer en scène. Ce n'est pas qu'il n'ait pu ni même dû fonctionner déjà réellement; mais, tant qu'il ne devenait point distinct aux yeux de la conscience, il ne sortait pas encore du cadre des imaginaires, et ne méritait point de compter au nombre des réalités;

il y prend rang à son tour, quand, au lieu de s'envisager toujours *longitudinalement* l'un l'autre, le *sujet-objet* et l'*objet-sujet* tournent à leur tour d'un angle de 90°, ou bien se disposent *transversalement* tous deux en face du sujet nouveau s'exerçant par le tact, et comme glissant seul désormais *diagonalement* entre les deux termes rectangulaires *obliques* à son égard, et dont l'ensemble seul constitue son propre objectif, tandis qu'il continue de jouer en face le rôle de sujet latent ou virtuel. Car c'est bien ainsi, par exemple, que nous, hommes faits, nous nous représentons le monde extérieur : il nous apparaît en somme une complication d'objets-sujets ou de sujets-objets ; et nous, toujours individualisés, nous figurons avoir solidairement conscience unique indivisible de cet ensemble apparent. Le dernier terme de notre évolution est donc celui dans lequel l'*objectif* atteint sa plénitude de développement *formel*, et *nous-mêmes* celle du *virtuel*. Mais, défalcation faite de toutes différences de *fond* ou de *forme*, tous êtres *virtuels* ne sont plus discernables entre eux que par des dissemblances *quantitatives* ou numériques ; et partout où cette différence expire, elle se termine à la *similitude*. Donc, comme le dernier mot de la contradiction est l'identité, comme la contrariété se résout à son tour dans l'équivalence, la similitude est à son tour le dernier mot ou la résolution de tous les différents ; et si, de plus, toutes oppositions *contradictoires* sont *diamétrales*, ou toutes oppositions *contraires rectangulaires*, toutes oppositions de *simple différence* sont tout spécialement *diagonales*: observation capitale en optique, où, seule, elle suffit à rendre compte de presque tous les phénomènes généraux, spéciaux ou particuliers de polarisation et de chromatisme.

FIN.

TABLE DES MATIÈRES

	§§
Avant-Propos....................................	
Introduction....................................	1
Étroits rapports et points communs entre les mathématiques et la philosophie............	2
Sens général des formules mathématiques relatives à la contradiction.....................	3
Interprétation *philosophique* des mêmes formules; principes de contradiction et d'identité....	4
Applications *analytiques* des deux principes de contradiction et d'identité..................	5
Applications *synthétiques*.....................	6
Théorie *Herbartienne*...........................	7
Théorie *Hégélienne*.............................	11
Théorie *mécanique*..............................	16
Comparaison entre les deux théories *rationnelle et mécanique*........................	20
Aperçus généraux................................	21

FIN DE LA TABLE.

En Vente chez SEGUIN, Libraire
rue Argenterie, 25, à Montpellier

OUVRAGES DU MÊME AUTEUR

Examen de la rationalité de la Doctrine Catholique. 1 vol. in-8°. 1849.

La clef de la Philosophie, ou la vérité sur l'Être et le Devenir. 1 vol. in-8°. 1851.

Traité des Facultés. 1 vol. in-8°. 1859.

De Categoriis. Dissertatio philosophica. 1 vol. in-8°. 1859.

Principes fondamentaux de Philosophie mathématique. 1 vol. in-8°. 1860.

De la pluralité des mondes. 1 vol. in-12. 1861.

Traité des Actes, Sommaire de Métaphysique. 1 vol. in-12. 1862.

ÉTUDES DE PHILOSOPHIE NATURELLE.

N° 1. Système des trois règnes de la nature. 1 vol. in-12. 1864.

N° 2. Réponse directe à M. Renan, ou démonstration philosophique de l'incarnation. 1 vol. in-12. 1864.

N° 3. De l'expérience de Mongo au double point de vue expérimental et rationnel. 1 vol. in-12. 1869 (3° édition).

N° 4. De l'ordre et du mode de décomposition de la lumière par les prismes. 1 vol. in-12. 1870.

N° 5. De l'ordre et du mode de décomposition de la lumière par les prismes ; Nouvelles preuves à l'appui. 1 vol. in-12. 1872.

N° 6. Sens et rationalité du dogme eucharistique. 1 vol. in-12. 1872.

N° 7. Démonstration psychologique et expérimentale de l'existence de Dieu. 1 vol. in-12. 1873.

N° 8. De l'ordre et du mode de décomposition de la lumière par les bords minces. 1 vol. in-12.

N° 9. Le système du monde en quatre mots. 1 vol. in-12.

www.ingramcontent.com/pod-product-compliance
Lightning Source LLC
LaVergne TN
LVHW050557090426
835512LV00008B/1209